Leontine Schmidt
Rosemarie Künzler-Behncke

Der kleine Dachs macht eine Reise

Für Hendrik, Moritz und Philipp
Für Tobias

Der kleine Dachs macht eine Reise

Mit Bildern von Leontine Schmidt
Erzählt von Rosemarie Künzler-Behncke

Der kleine

will eine Reise machen.

Soll er mit dem

fliegen?

Soll er mit dem

fahren?

Soll er mit dem

reisen?

Nein!

Er will mit dem

fahren!

Der  fährt an und wird

immer schneller. Der kleine  schaut aus

dem . Draußen sieht er einen

 und einen .

Da hüpft ein . Da grast ein .

Die  scheint. Der kleine

 schläft ein. Als er aufwacht,

hält der  auf dem

nächsten . Ein kleiner

steigt ein.

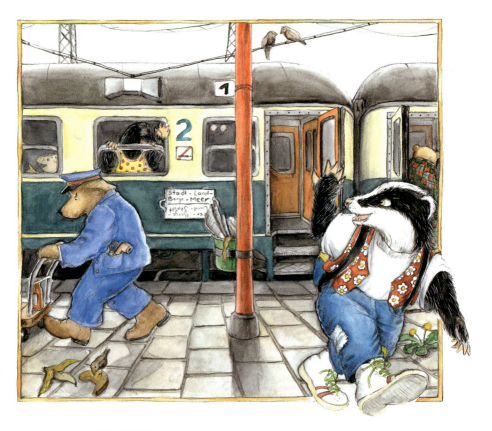

Der  hält. Der kleine nimmt den  und steigt aus.

Der kleine schaut aus dem

und winkt.

Der kleine 🦡 geht über eine 🌉

am 🏞 entlang auf die ⛰ zu.

Die ☀ scheint. Der 🎒 ist schwer.

Dem kleinen 🦡 tun die 🐾 weh.

Er nimmt den 🎒 ab und setzt sich ins

🌿 neben den

Dann zieht er sich die  aus.

Er hängt die , den , das , die , die und die zum Trocknen in den .

Jetzt merkt er, dass er auch seinen

mit dem , den zwei , den drei

, den vier  und den fünf

im  gelassen hat. Verflixt! Der kleine

 stampft vor Wut mit dem auf.

Sein tut ihm weh vor Hunger. Da gibt es

nur eins, denkt der kleine . Er läuft über

die  zum nächsten .

Unterwegs pflückt er eine und zwei .

Die Bäuerin gibt ihm drei und vier

Auf dem Rückweg pflückt der kleine

noch fünf . Dann setzt er sich

an den  und fängt an zu essen.

Zuerst verschlingt er die . Dann die zwei

, die drei und die vier .

Und zum Schluss die fünf .

Da spitzt der kleine die .

„Hallo !", hört er den kleinen

rufen. „Wo bist du?"

„Hallo !", ruft der kleine  zurück.

Und schon steht der kleine  vor ihm.

Er ist am nächsten  ausgestiegen

und bringt dem seinen und

den . „Das war mir sowieso

zu weit weg!", sagt der kleine . „Ich will

auch nicht mehr in die  ", sagt der

kleine . „Gut, dass du gekommen

bist!" Jetzt kann der kleine

sich eine trockene anziehen. Und ein

frisches . Und einen trockenen .

Nun setzen sich der kleine  und der kleine neben den .

Der kleine ist ja schon satt, aber der kleine hat großen Hunger.

Er verschlingt den , die zwei , die drei , die vier und die fünf .

Dazu gibt es die vom .

„Und was machen wir jetzt?", fragt der kleine .

„Aufs   legen", sagt der kleine .

Der geht auf. Die funkeln.

Da liegen der kleine  und der kleine
 auf der  und schlafen
 in 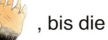, bis die wieder kommt.

Dachs	Hemden
Flugzeug	Pullover
Auto	Unterhosen
Schiff	Zahnbürste
Zug	Waschlappen
Stuhl	Handtücher
Rucksack	Taschentücher
Schrank	Bücher
Hose	Korb
Strümpfe	Kuchen

Sandförmchen    Birnen

Luftballons   Möhren

Dosen   Tomaten

Kopf   Kirschen

Fuß   Ohren

Wiese    Mond

Bauernhaus   Sterne

Pflaume   Pfote

1 2 3 4   07 06 05 04

© 2004 Ravensburger Buchverlag
Otto Maier GmbH
Illustration: Leontine Schmidt
Text Rosemarie Künzler-Behncke
Printed in Germany
ISBN 3-473-33026-4
www.ravensburger.de